CATALOGUE
DES
DESSINS ET ESTAMPES
TABLEAUX
CURIOSITÉS
OBJETS ANTIQUES ET OBJETS D'ART

Marbres, Bronzes, Terres cuites, Faïences, Porcelaines
Intailles, Bijoux anciens. Tapis

LIVRES

Dépendant de la Succession de feu M. FOURNIER
Marchand de Curiosités

DONT LA VENTE AURA LIEU

PAR SUITE DE SON DÉCÈS

HOTEL DROUOT, SALLE N° 9
Les Lundi 20 et Mardi 21 Décembre 1886

A DEUX HEURES

COMMISSAIRES-PRISEURS

Mᵉ Gustave DELARUE	Mᵉ Jules APPERT
boulevard de Magenta, 8	rue de Rivoli, 55

ASSISTÉS

POUR LES ESTAMPES ET DESSINS
De M. BOUILLON, Marchand d'Estampes, rue des Saints-Pères, 3

POUR LES CURIOSITÉS
De M. GANDOUIN, Expert, rue Le Peletier, 42

POUR LES LIVRES
De M. MARTIN, Libraire, rue Séguier, 18

CHEZ LESQUELS SE TROUVE LE PRÉSENT CATALOGUE

EXPOSITION PUBLIQUE
LE DIMANCHE 19 DÉCEMBRE 1886

PARIS — 1886

CONDITIONS DE LA VENTE

Les Acquéreurs ayant été mis à même par l'Exposition de se rendre compte de l'état des Objets et de leur authenticité, il ne sera admis aucune réclamation, une fois l'adjudication prononcée.

Il sera perçu CINQ POUR CENT en sus des enchères, applicables aux frais de vente.

ORDRE DES VACATIONS

Le Lundi 20 Décembre 1886

Estampes, Dessins.

Le Mardi 21 Décembre 1886

Livres, Objets d'art, Curiosités.

DÉSIGNATION

DESSINS

ALTDORFER (Alb.)

1 — Étude d'arbres et fond de paysage sur la droite. A la plume. Collection J. Gigoux.

LE BASSAN (F. da Ponte)

2 — Allégorie. A la plume et lavis de sépia, rehaussé de blanc.

BLONDEL et DESPORTES

3 — Cour d'un Château en ruines.—Étude de plantes. Deux dessins à la sanguine.

BOL (Ferdinand)

4 — Saint François en prière. A la plume et lavis d'encre de chine. Collection Esdaile.

BOLOGNÈSE et GUERCHIN

5 — Vue d'un Château-Fort.— Paysage traversé par une route. Deux dessins à la plume et sépia.

BRAUWER (A.) ET TÉNIERS

6 — Mendiant debout. A la plume. — Portrait d'homme avec grande barbe et calotte. A la mine de plomb. Deux dessins.

BREENBERG (Bart.)

7 — Ruines. Deux dessins à la sépia.

CAMPAGNOLA (J.)

8 — Paysage avec maisons dans le fond. A la plume et sépia. Encadré.

CARRÉ (Michel)

9 — L'Abreuvoir. Au lavis d'encre de chine. Encadré.

CASTAGNO (Andrea del)

10 — Le Christ en croix. A la plume et lavis, rehaussé de blanc.

CORNEILLE (M.-A.) ET CL. LORRAIN

11 — Paysages d'Italie. Deux dessins à la plume et lavis de sépia.

CORRÈGE (Ant. Allegri, dit le)

12 — Étude de femme à genoux. A la sanguine.

13 — Bacchus sur un nuage. — Étude d'Anges. Deux dessins à la sanguine.

DEYSTER (L. DE) ET QUELLINUS (E.)

14 — Sainte Madeleine. — L'Enfant prodigue à table. Deux dessins à la pierre noire et lavis d'encre de chine.

DURER (ALBERT)?

15 — Château-Fort à l'entrée d'une ville. A la plume.

16 — Paysage. A la plume et lavis d'aquarelle. Encadré.

DYCK (ANT. VAN)

17 — Descente de croix. A la plume. Collection Desperet.

ÉCOLE FRANÇAISE DU XVIIIᵉ SIÈCLE

18 — Fleurs et Ornements pour intérieur d'une galerie. Deux dessins au lavis d'aquarelle et encre de chine.

FLERS (C.)

19 — Études. Paysages et Animaux. Vingt-quatre dessins. A la plume et mine de plomb.

FRANCO (B.)

20 — Étude d'homme en buste, à la sanguine. — Étude de pieds. Dessin à la plume, attribué à L. de Vinci. Deux dessins.

GÉRICAULT (THÉODORE)

21 — Elmore Horse Dealer. Croquis au crayon noir.

GOYEN (J. Van)

22 — Chaumières. A la plume. Collection J. Gigoux. Encadré.

23 — Petite Marine. A la pierre noire, lavé d'encre.

GRECO

24 — Jésus tombant sous le poids de sa croix. A la plume. Collection Pérignon et Lefort.

HOBBÉMA et SWANEVELT

25 — Arbre garni de feuilles. Au lavis d'encre de chine. — Paysage avec rivière. A la plume et sépia. Deux dessins.

HOOGSTRAETEN (Samuel Van)

26 — Saint Jérôme. A la plume et lavis de sépia. Collection J. Gigoux.

JORDAENS (J.)

27 — Abraham bénissant Jacob. — Buste d'une vieille femme. Deux dessins aux trois crayons.

28 — Fuite en Égypte. Aux trois crayons. Encadré.

LÉPICIÉ

29 — Jeune Paysan debout, vu de face. Aux trois crayons.

LEYDE (Lucas de)

30 — Leçon de musique. Composition de deux figures. A la plume et lavis de sépia.

LE SUEUR (Eustache)

31 — Figure allégorique du temps. Étude pour le tableau de l'Aurore qui est au Musée du Louvre. A la pierre d'Italie.

LIEVENS (J.), VAN BLOEMEN
ET
VANDER COOGEN (L.)

32 — Paysage traversé par une rivière. — Trois Moines dans un paysage. — Vache qui s'abreuve. Trois dessins à la plume et lavis de bistre et d'encre de chine.

LONGHI (Pietro)

33 — Costumes et Croquis sur une même feuille. A la sanguine.

MAES (N.)

34 — Portrait d'un artiste. A la pierre noire, rehaussé de blanc.

MANTEGNA (A.)

35 — Personnages groupés ; au centre, un homme debout tenant un sceptre. A la plume. Collection J. Gigoux. Encadré.

METSU (Gabriel)

36 — Vieille Mendiante assise. A la pierre noire.

MOLYN (P. de)

37 — Paysage avec chaumière et grange à foin. A la pierre noire.

MOREAU (L.)

38 — Vue d'un Parc avec pièce d'eau et cascade. Gouache. Encadrée.

NANTEUIL (Célestin)

39 — Mendiants espagnols. Au fusain, et crayon de couleur.

POTTER (P.)

40 — Têtes de taureaux. — A la pierre noire, rehaussé de blanc. Collection J. Gigoux.

41 — Têtes de vaches. — Une Truie debout. Deux dessins à la pierre noire. Collection J. Gigoux.

42 — Vache couchée. A la pierre noire.

43 — La Vache couchée. A la pierre noire. Collection Desperet. Encadré.

44 — Vache et Cheval au pâturage. Deux dessins à la pierre noire.

PARMESAN (F. Mazzuoli, dit le)

45 — Apollon attaché à une colonne. — Un Apôtre debout. Deux dessins à la plume et sanguine.

PARROCEL (Ch.)

46 — Combat de cavalerie. Au lavis d'encre de chine.

PEYRE

41- 47 — Projet de monument à Paris; sur le devant quelques personnages. A la plume et lavis d'encre de chine. Signé. Encadré.

POUSSIN ET COYPEL (N.)

34- 48 — Le Christ descendu de la croix. — Mercure, Nymphes et Amours. Deux dessins à la plume et lavis de bistre.

RICCI

3- 49 — L'Arche de Noë. A la plume et lavis de sépia.

ROMAIN (J.)

18 50 — Le Charlatan. A la plume et sépia. Collection J. Barnard. Encadré.

ROOS (J.-H.)

18 51 — Bœuf, Moutons et Chèvre couchés. A la plume et lavis d'encre de chine. Encadré.

RUBENS (P.-P.)

51 52 — Etude de deux hommes courant, pour une de ses grandes chasses. Aux trois crayons. Encadré.

RUYSDAEL (J.)

34 53 — Paysage avec trois gros arbres. A la plume et lavis d'aquarelle. Encadré.

12 54 — Paysage avec chaumière dans le fond. A la pierre noire et lavis d'encre. Collection J. Gigoux.

41- 48 bis
51 bis

RUYSDAEL (J. et S.)

55 — Chaumières. — Paysage d'une vaste étendue. Deux dessins à la pierre noire et lavis d'encre de chine.

SAFTLEVEN et VANDER DŒS

56 — Intérieur d'un moulin. — Vache couchée. Deux dessins à la pierre noire et lavis d'encre de chine.

SALMON (Théodore)

57 — Cochons couchés, à la mine de plomb. Une Cour. Au fusain. Deux dessins.

DU SART (C.)

58 — Les deux musiciens. Au lavis d'encre de chine et d'aquarelle. Signé.

THULDEN (Th. Van)

59 — Pénelope saute au col de son mari... A la plume.

TITIEN

60 — Martyre de saint Laurent. A la plume et lavis de sépia.

TINTORET (J. Robusti, dit le)

61 — Le Veau d'or. A la plume et lavis, rehaussé de blanc.

62 — La Vierge apparaissant à saint Jérôme. A la plume et lavis de sépia. Encadré.

TROYON (C.)

63 — Paysages avec vaches sur le devant. Au fusain, rehaussé de blanc.

VELDE (Van)?

64 — Vache pâturant. Aux trois crayons. Encadré.

VERNET (Joseph)

65 — La Promenade. Au lavis de bistre, rehaussé de blanc.

66 — Une Vache couchée. A la pierre noire.

VICTORS (J.) et LELU (P.)

67 — Le jeune Cuisinier. — Vénus et Apollon. Deux dessins à la sanguine et lavis de bistre.

VOLTERRE (Daniel de) et ROMAIN (J.)

68 — Hercule. A la pierre noire. — Jupiter et Léda. A la plume et lavis de sépia. Deux dessins.

WATTEAU (Ant.)?

69 — Arbres au bord d'un cours d'eau. A la sanguine. Encadré.

WATTIER (Émile)

70 — La Foire de Saint-Germain. Dessin pour un éventail. Au crayon noir, rehaussé de blanc.

WECHTLIN (H.)

71 — La Vierge apparaissant à saint François, dans le fond, un paysage. Au lavis. Portant le monogramme et la date de 1515. Encadré.

WOERIOT (P.)

72 — Joseph vendu par ses frères. — Miracles de Moïse. Deux dessins à la plume, ont été gravés par l'artiste. Encadrés,

73 — Sous ce numéro, il sera vendu par lots un Portefeuille de Dessins des Ecoles française, flamande et hollandaise.

ESTAMPES

BAZICALUVE (H.)

74 — Suite de Paysages dédiés au duc de Toscane. (M. 1383). Cinq pièces de la suite. Très belles épreuves.

BINCK, PENCZ et SOLIS

75 — Quatre Pièces par ces trois artistes. Belles épreuves.

BOLSWERT et VORSTERMAN (L.)

76 — La Cène, d'après Rubens. — Leçon de musique, d'après Adam de Coster. Avant la lettre. Deux pièces.

BOUT (P.)

77 — Les Patineurs (B. 3). Très belle épreuve.

BRONKHORST, JONCKHEER, BLECKER VAN NOORT, etc.

78 — Ruines de l'Ancienne Rome (B. 12). — Les trois Lévriers. — Musicien jouant du luth. — Paysage avec des Rochers et un Temple en ruines, d'après Lastman. — Vaches au repos. Cinq pièces. Très belles épreuves.

CALLOT (J.)

79 — Passage de la mer Rouge (M., 1). Très belle épreuve du 1er état. Marge.

CAPITELLI, CARLONE, LECLERC (J.) et TORTEBAT

80 — Saint Bernardin de Sienne ressuscitant un enfant. — La Communion. — Repos en Egypte. — Abraham et Isaac se rendant au lieu du sacrifice. — Le Combat au pied de la Tour, par J. Courtois. Cinq pièces.

CARMONTELLE (L.-C. de)

81 — *Besenval* (le baron de). In-fol. en pied. Très belle épreuve.

CHAUVEL (Th.)

82 — Paysages. Deux pièces. Epreuves d'artistes sur japon.

COURTOIS (G. et J.)

83 — La Peste ou l'Ensevelissement des morts. — Quatre Estampes pour la guerre de Belgique, de Strada. En tout cinq pièces.

DASSONVILLE, GENOELS, DE VIVIER ET JORDAENS

84 — Cour de ferme. — Paysages. — Tentation de saint Antoine. — La Descente de croix. Six pièces. Très belles épreuves.

DIVERS

85 — Eaux-Fortes et Lithographies modernes, par J. Jacquemart, C. Nanteuil, Ary Scheffer, Delacroix et Ingres. Cinq pièces.

86 — Portraits, Sujets religieux et de genre, par de Lamare-Richard, Dietricy, Coypel, Collin de Vermont, Lagrenée. S. Julien, De Marcenay, Constantin, Limborch, Meyeringh et Goya. Onze pièces. Très belles épreuves.

LE DUCK (J.)

87 — La Chienne allaitant son petit (W., 11). Très belle épreuve. Rare.

DUJARDIN (Karel)

88 — Portrait de Vos (B., 52). Très belle épreuve. Rare.

DURER et ZAGEL

89 — Le grand Cheval (B., 97). — Salomon adorant les Idoles. Deux pièces. Belles épreuves.

DUVET (J.)

90 — La Bête à sept têtes et à dix cornes (R. D., 40). Superbe épreuve avec marge.

EDELINCK (G.)

91 — Saint François-Xavier (R. D., 30). Très rare épreuve du premier état avant toute lettre

EECKHOUT (G. Van den)

92 — Vieille Femme tenant un livre dans les mains. Très belle épreuve d'une pièce non décrite.

FRANCO, VÉNITIEN (A.) et BONASONE

93 — Jésus disputant avec les docteurs de la loi (B., 9). Camille surprenant les Gaulois, etc. Trois pièces.

GENOELS (A.)

94 — Partie de l'OEuvre de ce maître. Trente-six pièces. Très belles épreuves.

GOLTZIUS (H.)

95 — Les Muses. Suite de neuf estampes (B., 146-154). Très belles épreuves.

GRIMALDI, BISCAINO, CANTARINI CARRACHE, RENI, etc.

96 — Paysages. — Galathée. — Saint François adorant l'Enfant-Jésus. — Saint François recevant les stigmates. — La Tentation du Christ. — Samson et Dalila. — Saint Roch distribuant son bien aux pauvres. Huit pièces. Très belles épreuves.

HAEFTEN (Nic. Van)

97 — Le Docteur de l'urine (W., 19). — Repas des trois Commères (W., 22). Deux pièces. Très belles épreuves.

98 — Portrait du baron Joan Frideric Karg (W., 39). Rare.

HAINZELMAN (J.)

99 — *Louvois* (Michel-François Letellier, marquis de), d'après F. Voet. In-fol. Très belle épreuve du premier état. Marge.

HUCHTENBURG et MOLENAER

100 — La Bataille. — Combat des deux Cavaliers. — Les Débauchés. Trois pièces.

LEGROS (A.)

101 — Gambetta (L.). In-4°. Très belle épreuve.

LEONI (Ottavio)

102 — Portraits d'artistes italiens. Dix-sept pièces. Très belles épreuves.

LEU (Th. de)

103 — Anjou (François de Valois, duc d'Alençon, puis d'). (R. D., 297). Très belle épreuve.

104 — Caron (Ant.). (R. D., 330). Très belle épreuve.

LEYDE (Lucas de)

105 — Le Baptême de Jésus. (B., 40). Très belle épreuve.

LIEVENS (J.)

106 — Sainte Famille, pièce non décrite. — Saint Antoine (Cl., 8). Deux pièces. Très belles épreuves.

LORRAIN (Claude)

107 — Le Passage du Gué (R. D., 3). Belle épreuve.

LOUTHERBOURG

108 — La Bonne petite Sœur. Rare épreuve à l'état d'eau-forte.

MAITRE ANONYME DU XVe SIÈCLE

109 — La Sainte Vierge (B. T. X., 13). Belle épreuve.

MANET (Ed.)

110 — Le Porte-Épée. — Le Joueur de guitare. Deux pièces.

MEER DE JONGHE (Van der)

111 — La Brebis debout (B., 2). Belle épreuve.

MIGNOT (Daniel)

112 — Ornements pour bijoux. Six pièces. Très belles épreuves.

MORGHEN (R.)

113 — La Poésie, d'après Hamilton. — Saint Jean, d'après le Guide. — Sainte Anne, la Vierge et l'Enfant Jésus. — Canova. — Raphaël Morghen. Cinq pièces.

NIELLES ITALIENS

114 — Enfant jouant avec un chien, Duchesne (294). — Allégorie sur le Crime (310). Deux pièces. Belles épreuves.

115 — Soldats armés. — Guerriers recevant des ordres de leur roi. Deux petites pièces non décrites. Très belles épreuves.

OSTADE (Adrien Van)

116 — Le Maître d'école (B. 17). — Le Fumeur et le Buveur (R., 24). Deux pièces. Epreuves de premiers états.

PARROCEL (Ch. et Pierre)

117 — Neuf pièces gravées à l'eau-forte par ces deux artistes. Belles épreuves.

PESNE (J.) et MORIN (J.)

118 — Le Ravissement de saint Paul, d'après N. Poussin, premier état. — La Vierge tenant l'Enfant Jésus dans ses bras, d'après Champaigne. Deux pièces. Belles épreuves.

POMPADOUR (la marquise de)

10 119 — Satyres, Bacchantes et Amours, gravés d'après un ivoire. Belle épreuve avant la pagination dans le haut.

PONTIUS (P.) ET VORSTERMAN

13 120 — *Columna* (Dom Carolus de), d'après Van Dyck. Premier état. Rare. — *Galle* (Th.), aussi d'après Van Dyck. Deux portraits in-fol. Belles épreuves.

PRIMATICE (F.)

18 121 — Les deux Femmes romaines (B., 1). Très belle épreuve.

3 122 — Femme assise, ayant près d'elle les attributs de l'astronomie. Belle épreuve.

RAJON

58 123 — Portrait de Victor Hugo. Épreuve avant la lettre sur chine, avec dédicace.

REMBRANDT (P. Van Ruyn)

10 124 — La Nativité (Cl., 49). — Menassé ben Israël. — Homme à barbe courte et bonnet fourré (Cl., 260). Trois pièces.

RIBÉRA (G.)

6 125 — Saint Jérôme (B., 4). Très belle épreuve.

RIVALZ, SAUVAN et FOULQUIER

126 — La Communion, d'après Lutti. — Mort de sainte Monique, d'après Despax. — Croix de mission, etc. Cinq pièces. Très belles épreuves.

SANTWOORT

127 — Portrait de Tulpius. In-8°, avant la lettre. Très belle épreuve.

STOOP (Th.)

128 — Vue de Lisbonne (W. 26). Très belle épreuve.

SUBLEYRAS (P.)

129 — Le Serpent d'airain. — Jésus à table chez Simon le Pharisien. — Saint Bruno ressuscitant un enfant. Trois pièces. Très belles épreuves.

SUYDERHOEF

130 — *L'Empereur* (G.), d'après Baudrigeen. In-fol. Belle épreuve. Marge.

TÉNIERS (David)

131 — La Fête de village. — Le Fumeur. Deux pièces gravées à l'eau-forte. Très belles épreuves.

TRÉMOLIÈRE, DELAMARE-RICHARD PERRIER (F.) et LEMAIRE (P.)

132 — Le Baptême. — Saint Jérôme. — Saint Roch. — La Vierge et l'Enfant Jésus. — Le Jugement de Pâris. Cinq pièces. Très belles épreuves.

VELDE (A. Van)

133 — Animaux (B. 4, 7, 11 et 13). Quatre pièces. Belles épreuves.

VERBOOM (A.)

134 — Paysage (B. 2). Très belle épreuve. Rare.

WALTNER (Ch.-A.)

135 — Bords d'une rivière, d'après Courbet. — Saint Jean, d'après Murillo. — Mendiants, d'après Célestin Nanteuil. Trois pièces. Épreuves d'artistes.

WATERLOO (Ant.)

136 — L'Homme au bord de la rivière (W. 137). Pièce très rare. Belle épreuve.

WATTEAU (D'après Ant.)

137 — Vue de Vincennes, par Boucher. Belle épreuve, marge.

WILKIE (D.)

138 — L'Avare dans son cabinet. Belle épreuve sur chine.

WOERIOT (P.)

139 — Mort des premiers Nés d'Égypte (R. D. 15). — Miracles de Moïse (R. D. 22, supp.). Deux pièces. Belles épreuves.

WYCK (Th.)

140 — Paysages et Sujets de l'œuvre de ce maître. Sept pièces. Très belles épreuves.

ZEEMAN, SWANEVELT et BOTH

141 — Marines hollandaises. — Mercure imposant silence à Battus. — Les deux Vaches au bord de l'eau. Cinq pièces. Très belles épreuves.

142 — Sous ce numéro, il sera vendu par lots, trois Portefeuilles d'Eaux-Fortes, des Écoles française et hollandaise des xviie et xviiie siècles.

TABLEAUX

ANDREA DE MURANO

143 — La Vierge et l'Enfant. Peinture à l'œuf.

> Beau tableau de ce maître, signé : *Opus Andrea da Murano*.
> Conservé dans son cadre en bois sculpté de l'époque.

WATTEAU (Attribué à A.)

144 — Le Conteur de fleurettes.

> Charmante composition gravée.

TÉNIERS (David, dit le jeune)

145 — Portrait de jeune homme.

BAUR (Guillaume)

146 — L'Adoration des Mages.

> Gouache d'une grande finesse d'exécution et d'une très belle qualité et conservation.

SUBSTERMANS

147 — Galilée.

> Miniature sur ivoire. Signée.

DIAZ (Narcisse)

148 — Bouquet de fleurs.

> Tableau d'une très belle qualité. Signé du monogramme N. D.

SCULPTURES

149 — **Donatello**. Saint Jean. Buste en terre cuite.
Provenant du Cabinet Nolivos.

150 — **Puget**. Hercule assis. Statuette en terre cuite (Fracturée).

151 — **Marbre antique.** Torse de jeune homme (quart de nature).

152 — **Marbre antique grec.** Buste de jeune homme (Fracturé).

153 — **Marbre antique grec.** Tête de Satyre.

154 — **Marbre romain.** Hygie. Petit buste.

OBJETS ANTIQUES

155 — Anc. Terre cuite peinte.

Bélier. Terre cuite peinte.

Tête de femme diadémée.

Lampe et petit Vase.
Ces quatre pièces proviennent du Cabinet Cesnola.

Tête d'homme. Terre cuite antique grecque.

156 — **Bronze.** Buste de Silène.

H. 0m85. L. 0m67.

Provenant du Cabinet Piot.

157 — **Bronze.** Tête de bélier.

Provenant du Cabinet Gréau.

INTAILLES

158 — **Cornaline.** Mort de Candaule.

159 — **Améthyste.** Patrocle découvrant le corps d'Achille.

160 — Autres en lapis : Amour. — Nicolo (Taureau). — Et sept autres Sujets variés.

BIJOUX ANTIQUES EN OR

161 — Deux paires de Boucles d'oreilles à têtes de bélier et à têtes de taureau.

162 — Bague avec figure d'Amour.

163 — Bague avec rubis intaille (Sauterelle).

164 — **Monnaie gauloise** (Pièce de circulation de Marseille).

TAPIS

165 — Très beau Tapis persan brodé de soie de couleur, du xvie siècle, reproduit dans l'ouvrage de Lièvre, l'*Art persan* (Firmin Didot).

2^m35 sur 1^m45.

166 — Grand Tapis avec applications soutachées d'arabesques et armoirie, époque Louis XIV.

OBJETS D'ART

167 — Pendule de l'époque Louis XVI, marbre et bronzes ciselés et dorés, modèle à portique. Signé : *Javelot, à Paris*.

168 — Deux Appliques et deux Flambeaux, style Louis XIII, en cuivre poli.

169 — Vitrail, d'après A. Durer.

170 — Deux Bouteilles à thé, chinoises.

171 — Deux Chaises Louis XIV, recouvertes en cuir de Cordoue.

172 — Deux beaux Panneaux en bois sculpté, doré, époque Louis XIV, aux armes de Lorraine et au chiffre de Croy.

173 — Frise en bois sculpté doré, époque Louis XVI, guirlandes de fleurs et oiseaux.

174 — Rape à tabac en buis sculpté, époque Louis XIV, aux armes de France, et au nom de Vincent Baillois.

175 — Pupitre en bois laqué et gravé, travail ancien japonais.

176 — Éléphant, bronze ancien de la Chine.

177 — Deux Boîtes rondes en ancien laque rouge de Pékin.

178 — Vase chinois en albatre oriental, forme carrée, décoré de kouas.

179 — **Bronze** : Garde-à-Vous, statuette d'après Pigalle.

180 — Vitrine en cuivre.

FAIENCES ANCIENNES

181 — **Della Robia.** Le Pape Martin V, prince Colonna (1418-1431). Demi-relief, en marbre blanc sur fond bleu.

H. 0ᵐ 45. L. 0ᵐ 35.

Échantillon très rare.

182 — **Marieberg.** Porte-Montre, décor polychrome.

183 — Plat aux armes de Breteuil.

184 — **Rhodes.** Vase à une anse, décor polychrome, palmettes rehaussées d'or.

185 — **Delft.** Belle Plaque, décor camaïeu bleu, une Muse.
H. 0^m40. L. 0^m34.

186 — **Rouen.** Soupière, décor polychrome, dit à la pagode.

187 — **Rouen.** Deux Compotiers, décor polychrome fleurs.

188 — **Strasbourg.** Deux Assiettes, décor polychrome roses, marli ajouré.

189 — **Strasbourg.** Assiette à l'œillet.

190 — Deux Assiettes des fabriques de Saint-Amand et Vron.

191 — **Satzuma.** Bol, décor de poissons.

192 — **Hispano-Mauresque.** Cornet, décoré de femmes dansant (Fêlé).

PORCELAINES ANCIENNES

193 — **Chine.** Vase rouleau, décor polychrome personnages, belle qualité.

194 — **Chine.** Plat rond, famille verte.

195 — **Chine.** Paire de Vases hexagones, décor polychrome, personnages.

196 — **Chine.** Deux Bols bleu fouetté et or.

197 — **Chantilly.** Deux Assiettes, décor bleu.

198 — **Ginori.** Plat ovale, polychrome fleurs.

199 — **Vienne.** Assiette, décor polychrome.

200 — **Vienne.** Sucrier, décor polychrome.

201 — **Sèvres, pâte tendre, 1762.** Sucrier et son Plateau, décor de semé de bouquets.

202 — **Vincennes, 1750.** Tasse et Soucoupe, pâte tendre, décor polychrome fleurs.

203 — **Chine.** Grand Plat bleu fouetté à réserves, décor polychrome.

204 — **Chine.** Autre Plat plus petit, à réserves.

205 — **Chine.** Autre Plat, décor polychrome, fleurs et animaux.

206 — **Chine.** Autre Plat, décoré de roses.

207 — **Japon.** Plat, décor polychrome, rehaussé d'or.

LIVRES

Ouvrages sur les Beaux-Arts et en particuiler sur la Gravure. — Archives de l'Art français. — Gazette des Beaux-Arts. — Le Peintre-Graveur, par Robert Dumesnil. — Le Peintre-Graveur, par Passavant. — Manuel de l'amateur d'Estampes, par Ch. Blanc. — Collection de Catalogues de ventes de Tableaux avec prix. — Littérature et Histoire, etc., etc.

UNE BIBLIOTHÈQUE VITRÉE